53
Lb 924.

AUX MEMBRES

DU

GOUVERNEMENT PROVISOIRE.

DE LA
FRATERNITÉ

MISE EN PRATIQUE

OU

ORGANISATION DU TRAVAIL

PAR L'EXTINCTION DE LA MENDICITÉ.

Par MARCHANT,

JURISCONSULTE, ANCIEN CULTIVATEUR.

Domicilié à Paris, rue des Petites-Écuries, 32.

PARIS

IMPRIMERIE BONAVENTURE ET DUCESSOIS,

QUAI DES AUGUSTINS, 55, PRÈS LE PONT-NEUF.

1848

Citoyens;

INTRODUCTION.

§ 1er. — *La Liberté du travail et l'Association, protégées et soutenues par l'État, sont insuffisantes pour l'organisation du travail.*

Un des premiers besoins de la France dont vous avez à vous occuper immédiatement, c'est l'organisation du travail ; elle devra avoir pour résultat : l'extinction de la mendicité, des secours à toutes les souffrances et le bien-être général.

Plusieurs moyens vous sont déjà indiqués : les uns veulent la liberté entière de l'industrie, protégée et soutenue par l'Etat ; les autres, l'association, également aidée par l'Etat.

L'intervention des communes me paraît plus rationnelle et plus puissante, non que je veuille exclure la liberté du travail ni le droit d'association. Ce sont là, selon moi, des moyens secondaires qu'il ne faut pas négliger, qu'on doit même utiliser; mais ces moyens n'auront ni la force ni le résultat de celui que je propose.

§ 2. — *De l'Indigence.*

Dans notre France, si riche et si belle, il existe encore plus d'un million d'indigents, dont le nombre s'accroît prodigieusement dans les années de disette, et la mendicité, cette lèpre sociale, existe encore, même à Paris; ni les mesures répressives ni les dépôts de mendicité n'ont pu en tarir la source. Il est temps d'y mettre un terme.

Le gouvernement républicain se prête merveilleusement à l'extinction de la mendicité; il est le gouvernement de tous par tous; il garantit l'existence, en d'autres termes, le logement, la nourriture et le vêtement de chacun de ses membres; la fraternité est substituée à la charité : la mendicité doit donc être à jamais interdite.

Il ne pourra plus y avoir de mendiants; la loi ne reconnaîtra plus que l'indigent, et elle pourvoira à ses besoins.

§ 3. — *De la Mendicité.*

Autres temps, autres mœurs. Sous les gouvernements, absolus qui ne voulaient pas s'occuper du bien-être des masses, qui n'ont vu d'abord que les hautes classes, puis les classes moyennes, il était indispensable que la charité fût organisée. Le pauvre se fût révolté si on ne lui eût pas accordé la faible aumône nécessaire à sa subsistance. Ainsi couvert de haillons, un bon tiers du peuple tendait la main, avant la révolution de 1789, et plus d'un tiers du sol français restait inculte, faute de bras pour l'exploiter.

Les communautés religieuses, la noblesse, le clergé, pourvoyaient, dans l'intérêt de leur conservation, à la nourriture des malheureux; la charité était à l'ordre du jour.

La révolution de 1789, en détruisant les communautés, en diminuant la fortune de la noblesse et du clergé, a porté atteinte aux aumônes, qui, dans une société mal réglée, étaient la ressource du pauvre; elle y a substitué le travail.

La division des propriétés a réhabilité et moralisé une grande partie du peuple; la mendicité n'a plus existé aussi généralement; mais, quels qu'aient été les efforts de l'Empereur, aucun moyen n'a pu suffire à l'extinction de la mendicité.

§ 4. — *Du Travail.*

On comprend que la liberté du travail et

la division des propriétés ont été d'un grand secours pour diminuer le nombre des mendiants; mais l'orphelin, l'infirme, le malade, le vieillard, étaient bien forcés de mendier, surtout dans les campagnes, où il n'existe que des bureaux de bienfaisance sans ressources suffisantes.

Les villes mêmes, malgré leurs hospices et leurs bureaux de charité, n'ont pu résoudre le problème de l'extinction de la mendicité. C'est que la misère se succède et s'augmente, tandis que les ressources de villes restent stationnaires.

C'est surtout quand les travaux manquent que l'accroissement des pauvres se fait sentir; ou bien encore dans la saison d'hiver, quand la rigueur du froid multiplie pour chacun les besoins, et rend impropres au travail la plupart des indigents mal vêtus ou mal nourris.

§ 5. — *De l'agglomération des indigents dans les grandes villes.*

On conçoit l'émigration des campagnes sur les grandes villes.

Dans la campagne, il faut posséder, cultiver ou s'occuper de travaux rudes et peu rétribués, ou bien il faut tomber dans l'indigence et mendier.

Ne possède pas qui veut. Le père d'une

nombreuse famille possède un faible champ qu'il cultive, qu'il peut exploiter seul; il n'a pas d'occupation à donner à ses enfants.

Le partage de son faible patrimoine est souvent insuffisant pour les occuper et les faire vivre; la division, la subdivision les pousse fatalement à l'indigence.

Quel est le remède qu'emploie le père de famille prudent et sage? Il place ses enfants ou la plupart d'entre eux dans l'industrie; il leur donne ce qu'on appelle un état; il en fait des maçons, des charpentiers, des menuisiers, des charrons, des selliers, etc., puis il les envoie courir les villes, chercher de l'ouvrage.

La campagne se dépeuple et les villes surabondent d'une population flottante d'industriels dont on ne sait que faire, surtout dans les moments de crise où les travaux sont suspendus.

Ces vérités sont incontestables; que l'on fasse la statistique de la population parisienne, et l'on reconnaîtra que les neuf dixièmes de la population n'appartiennent pas à Paris; elle y est venue des départements.

§ 6. — *Motifs déterminant l'émigration des campagnes sur les villes.*

Le peuple a, comme tous les êtres, l'instinct de son bien-être et de sa conservation.

Si les ressources n'existent pas dans les campagnes pour constituer son bien-être, il est tout simple qu'il le cherche en dehors; il croit le trouver dans les villes, dans l'industrie, où il ne rencontre souvent que la misère; mais il sait que les villes sont pourvues d'hospices, et il s'y rend avec la certitude d'y trouver de l'ouvrage ou des secours. Joignez à cela, citoyens, l'espérance qu'a l'ouvrier de se perfectionner dans son état, de recevoir un salaire plus élevé, de se procurer des jouissances que les villes offrent et dont les campagnes sont dépourvues, et vous ne serez pas étonnés de la surabondance des ouvriers de l'industrie, de l'abandon des campagnes et de la souffrance de l'agriculture, qui, comme je le prouverai, ne produit pas moitié de ce qu'elle devrait rendre, faute de bras et d'intelligence.

Ce sont les hommes de capacité qui émigrent, et ceux qui restent dans les campagnes ne voient rien de mieux à faire que de continuer les anciennes routines de leurs pères.

Ainsi surabondance de bras et d'intelligence dans les villes; absence de bras et d'intelligence dans les campagnes.

Telle est notre organisation sociale actuelle; tels sont les fruits de la révolution de 89 : elle a été grande et belle; mais en proclamant la liberté du travail sans l'organiser, elle n'a pas complétement atteint le but qu'elle s'était proposé. A vous, chefs de la République, d'achever et de compléter son œuvre.

§ 7. — *Conséquences de ce qui précède.*

1° La mendicité doit être interdite;

2° Le travail et le bien-être doivent être fournis à l'indigent;

3° C'est vers l'agriculture que les bras et l'intelligence doivent être refoulés.

En conséquence, il sera formé un atelier national par canton;

Cet établissement sera pourvu :

1° D'une crèche;

2° D'une salle d'asile;

3° D'une école primaire;

4° D'une école secondaire;

5° D'une ferme-modèle;

6° D'ateliers d'industrie;

7° Et d'une maison d'invalides civils.

Il aura en outre :

Une chapelle,

Une maison de bains,

Une bibliothèque.

Tout citoyen de tout âge, né dans le canton, aura droit d'entrer dans l'atelier national, s'il est d'ailleurs prouvé qu'il n'a pas de moyens d'existence.

Il sera employé soit à l'agriculture, soit

dans l'industrie à des travaux proportionnés à ses facultés morales et physiques.

Il se conformera aux règlements disciplinaires de la maison.

Son travail ne sera pas autrement rétribué que par la nourriture, l'entretien et le logement.

Il recevra chaque semaine une indemnité en argent qui ne pourra être moindre de un franc, ni excéder cinq francs, eu égard aux services qu'il aura rendus.

Du 24 juin au 11 novembre de chaque année, les ouvriers des ateliers d'industrie pourront être incorporés dans les ateliers d'agriculture, momentanément et en raison des besoins.

Tout ouvrier ou agriculteur qui aura consacré, après l'âge de 18 ans, dix ans de son temps aux travaux de l'atelier national, aura droit à une commandite suffisante pour un établissement analogue à la profession qu'il aura exercée.

Ou bien il recevra en dotation à perpétuité deux hectares de terre, une maison, les bestiaux et ustensiles nécessaires pour la culture, avec la subsistance d'une année ;

Ces dotations seront créées sur les terrains incultes défrichés par l'atelier national en dehors de la ferme-modèle.

Chaque institution de l'établissement aura un local et une cour séparée.

Ainsi les enfants, les élèves, les travailleurs, les invalides et les malades auront un local distinct sans communication.

S'il y a des familles entières, elles recevront chacune un logement séparé, mais vivront avec les ouvriers ou élèves à table commune.

Les logements des familles seront dans une même cour, distincts les uns des autres.

Chaque institution recevra sa nourriture en commun pour les personnes dépendantes de l'institution, en sorte que les enfants mangeront ensemble, les élèves ensemble; il en sera de même des ouvriers, invalides et malades.

Tout ouvrier sans ouvrage ni ressources recevra une feuille de route pour être dirigé par l'autorité sur l'atelier national du canton où il est né, et il sera tenu de s'y rendre s'il ne veut être puni comme vagabond.

Tout repris de justice pour délit ou crime ne pourra entrer dans l'atelier national.

Il en sera formé de particuliers aux frais de l'État pour les repris de justice.

On les placera de préférence sur les grands espaces de terrains incultes, soit en France, soit dans les colonies.

Des règlements disciplinaires particuliers seront arrêtés pour eux.

Tout membre d'un atelier national qui commettra une faute, un délit ou un crime, sera puni :

Pour la faute, à des peines disciplinaires qui ne pourront excéder une détention de dix jours, qu'il subira dans l'établissement ; et pour les vols et les crimes, il sera livré aux tribunaux.

Le jugement des fautes sera rendu par le conseil, auquel on adjoindra deux hommes de la brigade à laquelle l'ouvrier appartiendra, et qui seront tirés au sort.

CHAPITRE PREMIER.

ÉDUCATION DU CITOYEN DES CAMPAGNES.

§ 1er. — *De la Crèche.*

Les enfants à la mamelle jusqu'à l'âge de trois ans y seront gardés et soignés, chauffés, éclairés et blanchis suivant les règlements arrêtés dans chaque commune, conformément à ceux des institutions semblables déjà établies.

En conséquence, la mère pourra se livrer

soit aux travaux de son ménage, soit à ceux des champs, pendant que ses enfants recevront les soins nécessaires.

Une ou plusieurs personnes seront nommées et rétribuées pour soigner les enfants. Le nombre en sera proportionné à l'importance des communes.

Des dames de charité, élues au scrutin par les mères de famille, seront spécialement et gratuitement chargées de surveiller alternativement les salles de crèche, et en feront leur rapport jour par jour au bureau de bienfaisance.

Cette institution permet à une seule personne d'économiser la journée de plusieurs mères de famille ; c'est là une source de bien-être pour la classe pauvre.

§ 2. — *Des Salles d'asile.*

De trois à huit ans, les enfants seront reçus dans la salle d'asile communale établie à cet effet, conformément aux règlements existants pour les salles qui ont déjà été formées.

Tous les frais en seront supportés par la commune, qui fournira le local, le personnel, le matériel, et toutes choses reconnues nécessaires.

La conséquence sera encore, pour les mères de famille, l'économie du temps.

§ 3. — *Des Écoles primaires.*

L'enfant dont l'éducation aura été commencée dans les salles d'asile entrera à l'école primaire.

Il y en aura au moins deux par commune :

L'une pour les garçons ;

Et l'autre pour les filles ;

Elles seront complétement distinctes et séparées, pour éviter tout contact entre les enfants; les jeux, les habitudes et le langage des uns n'étant et ne devant être ceux des autres.

L'instituteur recevra de la commune au moins 1,000 francs ;

L'institutrice au moins 800 fr., outre le logement.

Il leur sera défendu de recevoir aucune rétribution ni cadeaux, autres que ceux que la commune serait à même de leur faire, afin d'éviter les préférences et les rivalités.

L'égalité la plus parfaite doit exister entre les enfants, qui doivent être habillés d'après un modèle commun.

Les enfants de l'indigent recevront des bureaux de bienfaisance le linge, les vêtements, et, au besoin, la nourriture de l'école, qui devra être la même pour tous les élèves.

Les places d'instituteur ou d'institutrice

seront données au concours par le conseil municipal, auquel seront adjoints des inspecteurs d'arrondissement ; elles seront accordées de préférence aux élèves de l'École Normale, et subsidiairement à des personnes pourvues de diplômes.

§ 4. — *De l'Instruction en général.*

L'instruction doit être :
Religieuse et morale ;
Élémentaire et scientifique ;
Professionnelle.

§ 5. — *De l'Instruction religieuse et morale.*

Elle dépend principalement du choix des livres confiés à l'enfance et des mœurs de l'instituteur.

Là doit se faire sentir l'action du Gouvernement.

Un comité d'instruction publique doit exister dans chaque commune ; le maire et le curé doivent en faire partie de droit ; c'est à ces magistrats qu'il appartient de donner à l'instruction la bonne direction qui lui convient.

On doit principalement faire connaître à l'enfant les principes de l'*Évangile*, et donner le plus de développement possible à ces beaux préceptes :

Aidez-vous les uns les autres ;

Les premiers seront les derniers ;

Les hommes sont frères ;

Ils sont égaux.

Ces préceptes sont le fondement de l'égalité et de la fraternité, qui, dans une République, ne peuvent plus être de vains mots.

Il faut faire disparaître tout ce qui pourrait rappeler les suprématies, les rangs, les classes, les castes, et surtout l'égoïsme. On préparera ainsi l'enfant à la vie de citoyen, qui doit être une abnégation complète de soi-même dans l'intérêt général.

§ 6. — *De l'Instruction élémentaire et scientifique, ou des écoles secondaires.*

On doit enseigner :

La lecture ;

L'écriture ;

La langue française ;

Le calcul jusqu'à la géométrie d'arpentage ;

Le dessin linéaire ;

Le chant, etc.

Des livres contenant les meilleurs préceptes de morale doivent être donnés aux enfants pour exemple de toutes leurs leçons.

§ 7. — *De l'Instruction professionnelle en général.*

L'instruction professionnelle se divise en trois parties bien distinctes :

L'agriculture;

Les sciences;

Les arts et métiers.

§ 8. — *De l'Agriculture.*

L'agriculture doit être placée au premier rang de l'instruction professionnelle des campagnes. L'homme a besoin de vivre avant de se loger, se vêtir ou de se procurer les jouissances de la vie. C'est d'ailleurs à l'agriculture que la France peut demander sa plus grande richesse ; elle manque de bras, d'intelligence supérieure et de ressources ; le Gouvernement doit lui accorder toute sa sollicitude. Bien organisée, la terre produira plus du double, et la France qui produit de toutes les choses nécessaires à l'homme, pourrait à la rigueur se passer de la production des autres pays.

Il faut que son enseignement comprenne :

1° La définition des différentes espèces de sol ;

2° Les plantes et les semences qui sont propres à chaque nature du sol ;

3° Les travaux à faire sur chaque nature de

terre pour les rendre le plus productives possible;

4° L'élevage ou l'éducation des bestiaux et de tous les animaux domestiques;

5° Leurs diverses maladies, leur pansement;

6° La nourriture des bestiaux;

7° Le parti qu'on peut tirer de chacun selon sa nature et son âge;

8° Les soins à donner au produit des bestiaux;

9° Les espèces d'engrais qui conviennent à chaque nature de terre selon les ensemencements que l'on veut y faire;

10° Le moyen de créer ou d'obtenir les engrais, source de toute richesse en agriculture comme en horticulture;

11° L'horticulture, la préparation, les semences, les soins et les récoltes des légumes;

12° Les pépinières d'arbres fruitiers et forestiers, les différentes manières de les greffer, le sol ou le climat qui leur convient;

13° Les magnaneries ou l'éducation des vers à soie;

14° La vigne et la fabrication des vins;

15° L'oseraie et les différentes manières d'employer l'osier;

16° L'olivier et la manière d'en obtenir l'huile;

17° Les abeilles et la fabrication du miel et de la cire ;

18° La betterave et la fabrication du sucre ;

19° La pomme de terre et la fabrication de la fécule ;

20° Le riz ;

21° Les bois et forêts avec distinction du sol qui convient à chaque nature ;

22° La plantation autant que possible de bois produisant des fruits comme le châtaignier, le faîne et le merisier ; les soins et le parti qu'on peut tirer de chaque fruit ;

23° Par-dessus tout, la création de vastes prairies naturelles ou artificielles nécessaires à l'éducation des bestiaux, autre source de toute richesse en agriculture ;

24° Autant que possible l'égout des terres, le curage des fossés, ravins et rivières, leur encaissement et le barrage pour l'irrigation des prairies naturelles.

Enfin, une foule d'autres connaissances dont l'énumération serait ici superflue, et que chaque assemblée cantonale pourra appliquer aux communes après avoir consulté les assemblées d'agriculture et s'être renseigné sur la nature du sol de chaque commune.

Cet enseignement manque de maîtres en théorie à moins de prendre pour enseigner dans chaque commune les élèves qui sortent des fermes modèles ; mais on peut en former, et

avant trois ans la France peut en avoir un
nombre plus que suffisant. Il ne faut que vouloir; tant d'hommes sont inoccupés et incer-
tains de leur avenir, qu'il suffira de faire un
appel aux communes pour avoir des sujets
disposés à recevoir l'instruction théorique,
si d'ailleurs ils sont d'après la loi convena-
blement rétribués.

En attendant, les anciens cultivateurs, les
jardiniers, les pépiniéristes, les vétérinaires,
le vigneron, le vannier, remplaceront provisoirement les théoriciens par l'enseignement
de la pratique.

Les bureaux de bienfaisance, d'ailleurs,
seront dans les campagnes composés de cultivateurs qui ne refuseront pas leur avis aux
directeurs, et les premiers élèves ne manque-
ront d'aucune des connaissances utiles et nécessaires à tout habitant.

§ 9. — *Des Sciences.*

Il est hors de doute que les sciences à enseigner dans les campagnes sont des sciences
utiles, comme la botanique, la chimie, l'his-
toire, la géographie, la connaissance des
langues étrangères, la musique, le dessin;
ces sciences feront partie de l'enseignement
secondaire.

Il faut aussi que cet enseignement soit gratuit ou d'un prix modéré, et même que chaque commune puisse envoyer à l'école secondaire du canton un certain nombre d'élèves au-dessus de l'âge de douze ans qui auront montré le plus d'intelligence. Ce sera une prime, un encouragement du travail de l'enfance.

§ 10. — *Des Arts et métiers.*

Il est essentiel que l'habitant des campagnes se suffise à lui-même pour toutes les choses indispensables à l'homme : la nourriture, le logement et le vêtement. Outre l'enseignement de l'agriculture, on doit donc lui apprendre à construire la chaumière, et à se faire son vêtement.

Dans chaque commune pourvue d'une ferme-modèle, il sera ouvert des ateliers :

De charronnage,

De forgerons, serruriers, maréchaux et taillandiers,

De charpente,

De maçonnerie,

De vannerie,

De poterie,

De chapellerie,

De cordonnerie,

De sellerie,

De tailleur,

De tisserand,

De bonnetier, etc.

Les élèves appartenant aux écoles primaires auront le choix d'adopter, avec l'agrément de leur père ou tuteur, tel état qui leur plaira le mieux.

Ces professions seront enseignées principalement en hiver, et le temps des études pourra être ainsi partagé :

Études classiques le matin ;

Études professionnelles le soir.

En tout temps, été comme hiver, moitié de la journée pour les études classiques, et le surplus à l'agriculture, aux arts et métiers.

Des règlements intérieurs détermineront le travail et les heures d'enseignement.

A chaque ferme sera attaché :

Un médecin ;

Un vétérinaire ;

Qui répandront eux-mêmes les connaissances pratiques de leur état dans des conférences tenues au moins une fois par semaine devant tous les élèves.

§ 11. — *De la répartition du travail.*

La femme doit être utilisée le plus possible ; mais la faiblesse de son sexe exige qu'on ne lui donne que l'enseignement de travaux faciles, en rapport avec sa constitution.

Elle doit apprendre seule tous les travaux de couture en linge comme en drap.

Elle doit savoir faire son vêtement et celui de l'homme.

L'état de tailleur ne doit plus être la profession de l'homme, surtout dans les campagnes.

On doit lui montrer à faire ses souliers et sa coiffure.

L'art de la cuisine doit également entrer dans ses connaissances. Les élèves apprendront à tour de rôle, en aidant la cuisinière de la ferme.

Il faut aussi que les femmes sachent faire toutes les conserves de fruits, de légumes, etc.

Quant aux travaux d'agriculture, elles trouveront à s'occuper dans les fanages, la moisson, le sarclage, les cueillettes. L'horticulture leur sera enseignée complétement.

Enfin, et par-dessus tout, il faut qu'une femme sache soigner ses bestiaux, et en tirer le meilleur produit possible.

Des règlements détermineront plus particulièrement les travaux convenables à chaque sexe, en agissant toujours de manière à utiliser le temps de chacun pour le plus grand intérêt des masses.

Ainsi, la femme recevra l'éducation professionnelle des arts et métiers qui sont en rapport avec ses facultés.

Le travail remplaçant l'aumône, aucun membre de la société ne peut plus s'en abstenir.

———

CHAPITRE II.

DE L'ORGANISATION DU TRAVAIL.

§ 1ᵉʳ. *Nécessité d'ateliers communaux.*

La mendicité étant interdite, chaque commune, en vertu du principe de fraternité, du droit de nature et d'humanité, doit pourvoir par le travail à la nourriture, au logement et au vêtement de la classe indigente.

Les choses essentielles à la vie sont :

Le pain.

La boisson.

La viande.

Les légumes.

Et les fruits.

La culture seule peut les procurer.

Il est donc indispensable que des ateliers de culture soient établis dans chaque commune pour satisfaire aux besoins de l'indigent.

Il faut, dans l'intérêt du progrès de l'agriculture, en faire des fermes-modèles ;

Que la théorie vienne se joindre à la pratique pour l'enseignement.

Nous avons, en France, établi un certain nombre de fermes-modèles ; il faut en prendre les règlements, et les appliquer dans toutes les localités.

S'il est impossible, à défaut de ressources, de créer de suite une ferme-modèle dans chaque commune, il est facile d'en créer.

1° Dans les communes qui ont des ressources actuelles suffisantes ;

2° *Une au moins dans chaque canton*, avec le secours ou la contribution de toutes les autres communes.

En ordonnant des assemblées cantonales où chaque commune sera représentée par deux délégués au moins, il sera facile de s'entendre sur la cotisation et sur le lieu à choisir pour le premier établissement.

On aurait, au besoin, recours aux conseils d'arrondissement et de département, si les délégués des communes ne pouvaient pas s'accorder sur l'importance de la fixation comme sur la commune à pourvoir la première.

§ 2. *Choix des communes.*

Il faudrait, autant que possible, doter d'abord d'une ferme-modèle ou atelier de travail agricole les communes où il existe un plus grand nombre d'indigents, et, autant que possible, les prendre au centre du canton.

A la différence des fermes-modèles ordinaires, le travail, au lieu d'être départi exclusivement aux élèves, le sera de préférence aux
indigents du canton, de tout sexe et de tout
âge.

Chaque commune en enverra un nombre
proportionné à sa portion contributive dans
l'établissement.

Les élèves ne seront là que pour recevoir
l'enseignement ; ils ne seront utilisés dans les
travaux qu'autant que le bras de l'indigence
manquerait.

§ 3. *Choix du sol.*

Pour faire fructifier d'autant mieux l'agriculture, les fermes-modèles seront fixées sur
les sols ingrats et improductifs, ou sur ceux
d'une production médiocre, afin de démon-
trer aux cultivateurs la possibilité d'améliorer
leur culture.

Ces terrains seront ou donnés à l'établissement, ou achetés aux frais de l'État ou des
communes.

Les acquisitions se feront de gré à gré ;

Ou, comme il est d'usage pour les marais
et les chemins, par voie d'expropriation pour
cause d'utilité publique et dans les formes
déterminées par les lois existantes.

On s'attachera à placer les fermes-modèles

dans les lieux où il existe diverses natures de terre, de façon à pouvoir :

1° Cultiver les céréales ;

2° Planter la vigne ;

3° Les arbres à fruits ;

4° Faire des prairies artificielles, etc.

Les terrains communaux cultivés ou incultes, ceux pouvant provenir de concessions de l'État, de marais et de défrichement des forêts en plaine appartenant à l'État ou aux communes, y seront spécialement affectés.

§ 4. *Nature des travaux des terrassiers et agriculteurs.*

La première opération aura pour objet le défrichement ou le défoncement du sol destiné aux ensemencements ou plantations de la ferme-modèle.

Les terrains rocailleux ou pierreux seront nettoyés au moins à demi-mètre de profondeur. Les terrains humides seront assainis par des rivières, fossés ou rigoles.

Ces travaux seront dirigés par un ingénieur civil nommé à cet effet pour chaque canton.

§ 5. *Ateliers des arts et métiers.*

Il sera imédiatement formé, à côté de l'emplacement de la ferme-modèle, des ateliers d'industrie.

On commencera d'abord par ceux de :

    Maçons,
    Charpentiers,
    Menuisiers,
    Peintres,
    Serruriers,
    Maréchaux,
    Et taillandiers.

Les autres s'établiront successivement.

Chaque atelier comprendra cinq ouvriers, dont un contre-maître pour chaque corps de métier.

Les ouvriers seront pris d'abord dans le canton parmi les indigents de chaque corps d'état ; en cas d'insuffisance, le Gouvernement enverra de quoi compléter le noyau de chaque atelier ;

Ils seront nourris à table commune et payés de l'excédant de leur journée.

On les mettra de suite en œuvre pour la construction de tous les bâtiments nécessaires en commençant par ceux des ateliers, puis on s'occupera de ceux du logement des indigents et de l'exploitation.

On terminera par la construction des salles d'école et de l'hospice.

Une certaine quantité d'indigents du canton seront adjoints au moins en nombre égal aux ouvriers pour les aider dans la confection de leurs travaux, le tirage et l'approche des matériaux.

§. 6. — *Mode de construction.*

Les constructions seront d'abord faites à légers frais, en cloisonnage et pisé ; on y emploiera du bois blanc, et les planchers des appartements et des étages seront en planches : le tout sur les devis et plans de l'ingénieur.

Elles ne seront que provisoires, et chaque année, si le conseil ou le bureau de bienfaisance le jugent convenable en raison des bénéfices, elles seront remplacées par des constructions complétement solides en usage pour les fermes du pays, de manière à conserver pour longtemps des travaux à faire, et à occuper à ces travaux les indigents seuls, lorsqu'ils auront acquis les connaissances nécessaires.

§. 7. — *De l'administration.*

L'administration sera confiée à un directeur élu par l'assemblée cantonale à la majorité relative.

Il soumettra le budget de ses recettes et dépenses présumées au bureau de bienfaisance de la commune où sera fondée la ferme.

L'assemblée cantonale le contrôlera, et

le commissaire du département statuera en cas de difficulté.

Les comptes d'administration seront annuellement présentés, approuvés et débattus de la même manière que le budget.

Le directeur fera l'acquisition de toutes les matières premières pour les constructions, le défrichement et l'exploitation. Il achètera également les bestiaux et les nourritures nécessaires pour la première année. Enfin il sera chargé des recettes et dépenses dont la comptabilité sera tenue par ses ordres et vérifiée à volonté par le bureau de bienfaisance communal, et par un conseil de surveillance composé :

De l'ingénieur ;

Du prêtre ;

Du médecin ;

Du vétérinaire ;

Du cultivateur.

Chacun des membres de l'un et l'autre conseil pourra exercer individuellement cette surveillance ; les registres seront publics et chaque maire des communes du canton pourra les inspecter ou les faire inspecter par un délégué.

Les réclamations ou plaintes seront adressées au commissaire général du département, qui statuera après information.

Le commissaire du département pourra

suspendre ou remplacer provisoirement le directeur et l'un des membres du Conseil d'administration contre lesquels il s'élèverait des plaintes en apparence fondées.

La révocation, s'il y a lieu, sera prononcée par l'assemblée cantonale, qui pourvoira à leur remplacement.

§. 8. — *Fonctions du Directeur.*

Il sera chargé :

Des achats et ventes de tous objets et matières nécessaires à l'établissement ;

Les acquisitions devront être autorisées par le Conseil d'administration ;

Pareille autorisation sera nécessaire pour les ventes ;

Le mode d'acquérir ou de vendre sera également indiqué par le Conseil ;

Il tiendra la comptabilité et la caisse de l'établissement :

Toutes les fois que les sommes en caisse dépasseront cinq mille francs, elles seront consignées à la caisse d'épargnes ou de consignations et reprises sur l'avis du Conseil à mesure des besoins ;

Il aura la haute surveillance sur l'établissement entier, sur les hommes et les travaux ;

Mais il ne prendra aucune mesure sans l'avis du Conseil ;

Et, en cas de difficulté, sans l'avis du commissaire du département.

Outre la nourriture et le logement pour lui et sa famille, il recevra un traitement de 2,000 fr.

§. 9. — *Fonctions du Prêtre.*

Il dira tous les jours une messe basse dans la chapelle de l'établissement ;

Le dimanche et les jours de fête une grande messe.

Il dirigera l'éducation morale et religieuse des élèves.

Ceux au dessous de douze ans lui seront confiés deux fois par semaine et deux heures chaque fois, pour l'enseignement du catéchisme.

Ceux au dessus entendront le dimanche la messe et le sermon, qui aura toujours pour texte :

La morale chrétienne ;

Les devoirs du citoyen ;

Et l'amour de la fraternité.

Il recevra la nourriture et le logement et un traitement de 1,000 fr.

§. 10. — *Fonctions de l'Ingénieur,*

L'Ingénieur sera chargé de faire les plans et devis de tous les travaux qu'il jugera utiles et nécessaires dans les dépendances de la ferme-modèle, et dans toute l'étendue du canton :

Soit aux chemins vicinaux ;

aux canaux et irrigations ;

aux terres incultes ;

aux terres dont la culture serait négligée ;

aux bâtiments communaux ;

aux ponts et digues des rivières.

Il sera chargé de compléter et conserver le cadastre communal.

Le complément consistera à faire borner chaque parcelle ;

Et la conservation, à opérer toutes les divisions et subdivisions qui pourraient survenir sur chaque parcelle :

Il fera ouvrir dans chaque commune les chemins ou sentiers d'exploitation partout où il existera des parcelles enclavées, de façon qu'on puisse arriver directement et par un chemin sur chacune pour en faciliter l'exploitation.

Il proposera et fera opérer tous les échanges qui lui paraîtront nécessaires et indispensables.

En cas de difficulté, il en sera référé par lui, les propriétaires dûment appelés, au jugement du canton, qui statuera, sauf appel au tribunal de première instance.

La loi d'expropriation pour cause d'utilité publique sera applicable, sauf indemnité, pour l'ouverture des chemins et les échanges indispensables.

Les fonctions de l'Ingénieur consisteront encore :

Dans l'enseignement journalier à tous les élèves de l'établissement de toutes les connaissances requises pour faire un bon ingénieur civil.

L'établissement tiendra toujours un certain nombre d'élèves les plus instruits à la disposition de l'ingénieur pour l'aider dans toutes ses opérations.

Autant que possible, les élèves feront le service alternativement pour se former par la pratique à l'application des théories.

L'ingénieur surveillera en chef tous les travaux de terrassement et de construction ;

Il désignera parmi les hommes de l'établissement les conducteurs et contre-maîtres.

Son traitement, outre la table et le logement, sera de 1,000 fr.

§. 11. — *Fonctions du Médecin.*

Outre l'exercice gratuit et continuel de sa profession pour toutes les personnes de l'établissement, il devra enseigner aux élèves, au moins deux fois par semaine, et dans des conférences de deux heures chaque, les principaux éléments de sa science, et principalement la connaissance des maladies ordinaires et de leur traitement.

Un certain nombre d'élèves sera alternativement mis à sa disposition pour l'aider dans ses fonctions.

Il recevra aussi la table et le logement et un traitement de 1,000 fr.

§. 12. — *Fonctions du Vétérinaire.*

Le vétérinaire pansera tous les bestiaux de l'établissement, en présence et avec le concours alternatif d'un certain nombre d'élèves.

Il tiendra chaque jour un Cours d'une heure pour les élèves. Tous assisteront à ce Cours.

§. 13. — *Du Cultivateur.*

Le cultivateur aura la surveillance continuelle des hommes employés dans l'établissement pour la culture, les ensemencements et récoltes ;

Il veillera à ce que les bestiaux reçoivent les soins et la nourriture convenables ;

Il fera ranger, serrer et préparer les récoltes et les fruits de toute espèce dans les lieux qui leur seront destinés ;

Il s'attachera particulièrement à donner au sol la meilleure préparation possible pour recevoir la plantation ou l'ensemencement convenus avec le Conseil d'administration et principalement avec le directeur;

A conserver les fumiers et engrais de toute espèce;

Il alternera la semence des champs de façon à ne faire produire des céréales à chaque terre que tous les cinq ans.

Il multipliera le plus possible les prairies artificielles pour fournir le moyen de nourrir et engraisser la plus grande quantité possible de bestiaux;

Il s'attachera à la culture des plantes légumineuses, pommes de terre, haricots, pois, betteraves, de manière à suffire et au-delà à la nourriture de tous les membres de l'établissement.

Son but principal sera d'élever le plus possible de chevaux, vaches, porcs, moutons et volailles.

Son traitement sera de 1,000 fr., outre la nourriture et le logement.

CHAPITRE III.

DES TRAVAUX DÉVOLUS A L'ADMINISTRATION.

1° La culture, l'engrais, l'ensemencement et la récolte de toutes les terres dépendant de l'établissement ;

2° Le défrichement de tous les terrains incultes dans le canton ;

3° L'entretien de toutes les routes et chemins ;

4° La construction des ponts ;

5° L'endiguement des rivières ;

6° Les irrigations possibles ;

7° Le reboisement des montagnes ;

8° La construction de maisons pour coloniser les terrains défrichés ;

9° L'assainissement des marais ;

10° La confection de tous les objets d'arts ou d'industrie nécessaires à l'établissement, soit pour les hommes, soit pour les propriétés.

CHAPITRE IV.

DÉPENSES PRÉSUMÉES INDISPENSABLES POUR CHAQUE CANTON.

§ 1er. — *Première mise.*

L'acquisition d'au moins 200 hectares de terre.	200,000
Les constructions provisoires en cloison et pisé.	2,000
Acquisition des bestiaux.	50,000
Instruments aratoires.	10,000
Semences.	6,000
Métiers et mécaniques.	10,000
Matières premières.	10,000
Ensemble.	288,000
Dépenses de mobilier et dépenses imprévues.	12,000
En tout.	300,000

§ 2. — *Dépense annuelle.*

1° Traitement du régisseur.	2,000
2° Celui des cinq membres du conseil.	5,000
3° Deux sœurs de charité pour	
A reporter.	7,000

Report.	7,000
soigner les malades et les vieillards.	800

4° Les sommes à donner aux ouvriers pour menus-plaisirs, indépendamment des nourriture, logement et entretien, 1 fr. par semaine, ou 52 fr. par an, soit pour 500 ouvriers.

	26,000
	33,800
5° Dépenses imprévues.	6.200
Ensemble.	40,000

Ainsi avec un capital actuel de 300,000 fr. et une dépense annuelle de 40,000 fr., la ferme-modèle peut fonctionner dans chaque canton et rendre à la France des services immenses.

L'extinction de la mendicité;

Le travail pour tous;

Le défrichement et la mise en valeur de toute terre improductive;

Le progrès immense de l'agriculture;

L'instruction répandue généralement et utilement;

L'excroissance de la population des villes refoulée et utilisée dans les campagnes;

La moralisation du peuple et sa dignité élevée à la hauteur du citoyen actif :

Tels seront les résultats de la mise en œu-
du moyen proposé.

Mais quel sera le moyen employé pour que
chaque canton se procure la somme nécessaire
pour un établissement si utile?

Le voici :

—

CHAPITRE V.

RESSOURCE POUR FONDER ET ENTRETENIR L'ÉTABLISSEMENT.

§ 1ᵉʳ. — *Pour la fondation.*

L'État peut venir au secours des cantons et
faire l'acquisition des terrains nécessaires à la
ferme-modèle.

Nous avons estimé cette acquisition
200,000 fr. Que l'État traite de gré à gré
avec les propriétaires et qu'il les paye en
rentes sur lui à trois pour cent, c'est le taux
du produit de la location des terres, personne
n'aura à se plaindre.

Mais s'il y a 86 départements, il y a près
de 2,000 cantons; à 200,000 fr., cela ferait
400 millions de capital ou 20 millions de
rente par an; certes, ce n'est pas là grever
l'État outre mesure; et pour une dépense aussi

nécessaire, le Gouvernement ne doit pas hésiter.

Il restera 100,000 fr. à trouver par canton, ou par vingt communes environ ; ce serait l'une dans l'autre environ 5,000 fr. Ou les communes ont des ressources actuelles ou elles n'en **ont pas.**

Celles qui en ont paieront.

Les autres emprunteront, chacune dans les proportions de son importance, et en prenant pour base la répartition actuelle de l'impôt.

Et pour rembourser leur emprunt, les communes s'imposeront de centimes additionnels qui seront répartis s'il le faut sur plusieurs années :

La mise de fonds n'est donc pas un obstacle.

Reste la dépense annuelle.

§ 2. — *De la Dépense annuelle.*

Cette dépense peut être évaluée à 40,000 fr. Comment y faire face ?

Le Gouvernement peut faire usage d'une multitude de ressources :

1° L'excédant de l'impôt, s'il est établi d'une manière progressive ;

2° L'affectation des revenus actuels des bureaux de bienfaisance de chaque commune, et l'excédant annuel des hospices des villes ;

3° Les dons volontaires : la charité est in-épuisable en France, et pour obtenir un résul-tat comme celui qu'on se propose, il serait impossible de calculer jusqu'où les dons s'étendront ;

4° L'impôt sur les rentes et les prêts hypo-thécaires ;

5° L'économie que va procurer la suppres-sion de l'armée ;

6° Les centimes additionnels dont chaque commune pourrait s'imposer pour avoir le droit de faire nourrir et entretenir un certain nombre de pauvres invalides, et un certain nombre d'élèves ou écoliers qui, tous, se-raient reçus gratuitement.

En supposant cinq infirmes ou vieillards par commune, et cinq élèves gratuits, on ob-tiendrait le nombre de 10 à 300 fr. chaque ; cela donnerait 3,000 francs.

Vingt communes donnant seulement l'une dans l'autre 2,000 fr., on aurait les 40,000 fr. demandés, par le seul fait d'un impôt sur cen-times additionnels.

Ce n'est pas tout.

L'établissement peut encore avoir pour ressource :

1° Le prix du rachat des usages ;

2° Et l'attribution des biens situés dans le canton, qui écherraient, par succession, à d'autres qu'à des parents en ligne directe ou

à des frères, oncles et neveux ou petits-
neveux.

Ces deux ressources ont besoin d'explica-
tions.

§ 3. — *Du Rachat des usages.*

Les usages qui grèvent les propriétés ru-
rales sont plutôt une cause de destruction
qu'une cause de profit.

Cependant le malheureux auquel, jusqu'à
présent, on n'avait pas créé une position, vi-
vait en partie des usages.

Son pain, il le glanait ou le mendiait, et
combien n'en résultait-il pas de larcins et
d'abus?

Son bois, il le coupait dans les forêts, et
sous prétexte du droit au bois mort, combien
de fois il lui arrivait de couper du bois vert
pour le faire sécher, lorsqu'il ne l'enlevait pas
de suite. De là des procès, des amendes, des
frais, des emprisonnements.

La nourriture de ses vaches, il la prenait
dans les blés ou les avoines que souvent il
arrachait, ou bien dans les forêts dont il
énervait les jeunes pousses; et il en résultait
encore des procès; ou bien encore dans le
parcours et la vaine pâture, qu'on ne se con-
tentait pas d'exercer dans les champs dé-
pouillés de toute récolte, mais souvent sur

les jeunes semis de prairies artificielles que la dent du mouton détruisait.

Sa boisson, il la grapillait ou la maraudait en cassant et brisant les échalas après la vendange, ou brisant les arbres après leur récolte.

Sa paille, il la prenait en faisant le chaume resté dans le champ d'autrui, ce qui autorisait souvent le moissonneur à couper le blé le plus haut de terre possible pour avoir d'autant plus de chaume à faire.

Il en était de même de tous les autres usages; c'était l'école du vice, le maraudage organisé; heureux l'habitant de la campagne qui n'y contractait pas l'habitude du vol, et pis encore.

Un tel état de choses ne se conçoit pas dans un pays civilisé; il est complétement incompatible avec les idées républicaines et la dignité de l'homme.

Il faut donc supprimer tous les usages: cette façon de nourrir le peuple a fait son temps; elle se comprenait au temps de la féodalité, où le peuple, pour toutes ressources, n'avait que l'aumône et ses usages. Aujourd'hui, la propriété doit être complétement libre; tous les fruits d'une terre, quels qu'ils soient, doivent appartenir au propriétaire.

C'est ainsi que la chasse et la pêche ont été dévolus exclusivement aux propriétaires, quoiqu'ils aient autrefois appartenu au peuple, soit en vertu du droit d'usage, soit en vertu du droit naturel.

Les chemins seuls seront soumis à la vaine pàture à cause du passage des bestiaux.

Mais quel sera le prix du rachat?

L'estimation devrait en être faite eu égard aux valeurs des terres dans chaque localité, et au profit que le propriétaire en retirera.

Si cette base donnait un produit trop élevé, l'estimation pourrait être faite eu égard au bénéfice qu'en retiraient les usagers, moins le temps qu'ils y perdaient.

Et quand il s'agit d'usages sur les bois, on peut accorder aux communes la toute propriété d'une partie de la forêt proportionnée à leurs droits.

Cette ressource seule fournirait à chaque commune le moyen de former une ferme-modèle proportionnée à sa population et à ses besoins.

Des experts respectifs estimeraient ce qui reviendrait à chacun.

Celui qui n'étant pas indigent profite des usages, y perdrait en apparence; mais s'il possède quelques champs, et la plupart des campagnards en ont, il pourra semer des graines dans ses céréales, et faire à ses bestiaux, sur les jachères ou autrement, une nourriture plus abondante que celle qu'il se procurait avec tant de peine.

Le fermier à troupeaux de bêtes à laine sera réduit à la pâture de ses champs, c'est lui qui perdra le plus en apparence, mais rien ne l'empêche, et tout l'obligera à ne plus faire de jachères ; il changera son mode de culture, et la perte sera plus que réparée.

§ 4. — *Modification dans l'ordre des successions.*

Accorder aux communes l'héritage situé dans leur ressort que laissent des gens sans ascendants ni descendants, sans frère, oncle ou neveu, ce n'est que s'emparer de successions à un degré éloigné, entre cousins, et sur lesquelles personne n'a dû compter.

Ce serait faire rentrer à la communauté une ressource importante dont on pourrait tirer un grand parti pour doter la classe indigente.

Il faudrait interdire à ceux qui ne laisseraient pas d'héritiers à un degré successible aux termes de la loi nouvelle, le droit de tester au-delà de moitié.

Toutes les ressources, comme on le voit, seront dix fois plus que suffisantes.

Il ne faut qu'une chose de la part du Gouvernement provisoire, *vouloir*, mais vouloir vite, c'est-à-dire profiter de l'état révolutionnaire dans lequel nous nous trouvons pour assurer l'existence du pauvre et les ressources de l'ouvrier.

Attendre la convocation de l'Assemblée nationale, ce serait ajourner indéfiniment des questions brûlantes et vitales.

L'Assemblée acceptera des faits accomplis.

Composée de propriétaires, elle hésiterait à grever l'État ou les communes, dans la crainte d'en supporter une partie.

Il y a six ans que mes idées ont été formulées et remises par moi à M. de Gasparin. Je lui prédisais qu'un temps viendrait où les travaux du Gouvernement ne suffiraient plus aux travailleurs.

Je n'ai été ni entendu ni écouté; je crois le moment opportun pour renouveler mes demandes.

§ 5. — *De la principale ressource de la ferme-modèle.*

En entreprenant les travaux communaux et les faisant exécuter, elle en touchera le prix suivant les devis de l'ingénieur, dont l'approbation sera soumise au conseil municipal et à l'administration supérieure.

Ce prix subviendra au paiement du salaire de tous les ouvriers qu'on emploiera.

Et puis, indépendamment de la nourriture
et de l'entretien de tout son personnel, la
ferme modèle produira un bénéfice quel-
conque ; ce bénéfice croîtra à mesure que les
vignes et les arbres frutiers grandiront et
donneront un produit ; il augmentera en raison de l'amélioration de la propriété, dont les
récoltes devront être successivement supé-
rieures à cause des défoncements et de l'aug-
mentation progressive des bestiaux et des
engrais.

Chaque atelier cantonal pourra s'emparer
de toutes les fermes appartenant aux hospices
situés dans le canton.

Il les prendra à perpétuité et en rendra
chaque année à l'hospice propriétaire le loyer
moyennant lequel la ferme est actuellement
louée.

Ces fermes pourront ultérieurement, et
après leur mise en valeur réelle, être louées
par l'administration à un ou plusieurs des
cultivateurs élevés par l'atelier cantonal, qui
l'exploiteraient individuellement ou en société, à la charge d'un revenu annuel au profit
de la société-mère, qui les commanditerait au
besoin de toutes les ressources nécessaires
à leur établissement.

CHAPITRE VI.

DE LA PROSPÉRITÉ DE L'ÉTABLISSEMENT.

Cette prospérité ne peut être mise en doute; en opérant avec un capital libre et de fortes ressources, il est impossible qu'il n'y ait pas de bénéfices. Devra-t-on les accumuler ou les distribuer?

L'accumulation serait une faute; les biens de main-morte diminuent les ressources de l'État, on ne créerait pas de véritables citoyens, mais bien des prolétaires dépendants du Gouvernement. Tel n'est pas le but que je me propose.

Le bien-être des indigents et l'éducation de vrais citoyens:

Ce point admis, un inventaire devrait être fait tous les ans de la fortune de la maison, et, après un chiffre convenu et délibéré en assemblée cantonale, l'excédant devrait être affecté à l'établissement privé des travailleurs.

Pour avoir droit à cette répartition, il faudrait avoir consacré, après l'âge de dix-huit ans, dix ans de son temps dans l'établissement.

On paierait chaque indigent de son dividende en biens défrichés et mis en valeur en dehors de l'établissement, et, autant que possible, dans la commune où il avait sa résidence;

En construction d'une habitation sur le même terrain, ou dans un endroit peu éloigné;

En bestiaux, surtout en vaches;

En outils et objets mobiliers : le tout jusqu'à concurrence de son dividende.

Si l'ouvrier possède quelque mauvaise parcelle de terre ou s'il en achète ou s'en procure, l'administration en fera faire immédiatement le défoncement et la plantation; elle pourra même y faire des constructions, tout cela au fur et à mesure des bénéfices que l'ouvrier sera présumé faire, toujours en déduction de ses droits.

On conçoit alors l'ardeur de chaque ouvrier, l'intérêt qu'il aura à faire fructifier la maison, à s'acquitter honorablement de son devoir pour éviter d'être renvoyé. Son existence sera assurée en dix ans au plus.

En supputant ce que le gage de chaque homme à 500 fr. par an produirait pour dix ans joint aux intérêts produits, on voit, en effet, que le paiement seul du salaire équivaut à plus de 5,000 fr., somme suffisante pour la valeur de deux hectares de terre, d'une maisonnette, de deux vaches, d'outils et mobilier indispensables.

Bien entendu que la terre serait défrichée

et plantée en diverse nature, vigne, enclos d'arbres fruitiers, pâturage, jardin et terre libre.

L'administration ne compterait que ses frais de revient, et non ceux résultant du bénéfice des plantations et améliorations.

L'ouvrier en serait propriétaire incommutable, et il aurait appris dans l'établissement, par un travail alterné, l'art de faire valoir et fructifier sa petite propriété suffisante pour l'alimentation d'une famille.

Que serait-ce si, comme il arrivera souvent, l'ouvrier épouse une fille élevée dans l'établissement : il aurait double dotation.

Sous aucun rapport, le directeur et les autres employés ne pourraient s'attribuer, outre les rétributions qui leur sont précédemment allouées, d'autre somme que celle résultant du dividende de chaque ouvrier.

L'égalité et la fraternité recevraient en cela leur complète exécution. Ils seraient tous comme associés pour des parts égales, sauf les prélèvements dont nous avons parlé.

Chacun tiendrait compte à la masse de ce qu'il aurait reçu pour l'habillement.

L'ouvrier, en entrant, ne pourrait exiger que le costume journalier.

Trois mois après son entrée, il aurait droit à l'habillement du dimanche.

Le costume journalier serait pour tous la blouse bleue au collet rouge et à couture nationale, le pantalon, la casquette, les sabots, les chemises et mouchoirs.

Pour les jours fériés l'habit de garde national complet, suivant le mode adopté pour Paris.

Ces habits seraient renouvelés quand ils ne seraient plus de service, toujours aux dépens de l'ouvrier, mais sans qu'il puisse refuser de les recevoir.

—

CHAPITRE VII.

DE L'INSTRUCTION MILITAIRE.

Les jours de dimanche et fête, trois heures au moins seraient consacrées à l'exercice des hommes.

Chaque ferme composerait au moins une compagnie, commandée en chef par l'ingénieur; et en sous-ordre, par les autres chefs que les ouvriers se choisiraient par voie d'élection.

Ces compagnies seraient spécialement dressées à la manœuvre d'une pompe dont l'établissement serait pourvu.

Et ils seraient de plus instruits pour l'artillerie, qui serait leur véritable place dans la garde nationale.

—

CHAPITRE VIII.

CONCLUSION.

Contre un projet qui présente des résultats aussi avantageux, que peut-on objecter?

1° On détruira l'industrie privée :

C'est là une erreur. Nous ne nous servons que de la classe indigente, nous ne travaillons que *par elle* et *pour elle*. Nous ne portons donc aucune atteinte à l'industrie privée.

2° Vous encombrez, dira-t-on, les marchés et vous occasionnez la baisse des prix.

Veuillez remarquer que nous produisons principalement des nourritures et des vêtements dont la classe pauvre manque ; elle ne vous achète rien ou peu de chose, la diminution sera insensible.

3° Mais vous pouvez vendre vos habits, vos outils, etc.

On peut l'interdire, et si par hasard les ateliers d'ouvrage, de métiers ou de mécaniques prenaient un grand accroissement, le Gouvernement pourrait stipuler que toutes les marchandises à vendre lui seraient remises pour être exportées sur les vaisseaux de l'État et moyennant une indemnité; il pourrait en être de même du travail des prisons et communautés que l'on dit nuire à l'ouvrier.

4° Vous créerez une masse d'ouvriers dont on ne saura que faire, et il y en a déjà trop.

C'est là une erreur; les ouvriers de l'établissement connaîtront l'agriculture en même temps qu'ils sauront un état; on leur donnera une propriété à habiter, à cultiver, et il en est peu qui, jouissant du nécessaire, iront courir en ville des chances aventureuses.

5° Vous donnerez une éducation plus forte à la classe indigente qu'à la classe moyenne, et il y a là un danger.

D'abord rien n'empêche la classe moyenne d'envoyer ses enfants dans les ateliers de la ferme-modèle pour y recevoir une éducation égale et même supérieure, car celui-là qui sera pensionnaire payant aura moins à travailler dans les champs; il n'y paraîtra que pour recevoir des leçons pratiques; il aura conséquemment plus de temps à donner à l'étude, et jamais il ne sera employé dans les travaux de terrassement, défrichement, constructions, irrigations, surtout dans ceux qui se feront en dehors la commune; et après tout, quand l'indigent recevrait non pas plus mais autant d'éducation que le riche, quel mal y trouvez-vous?

L'égalité et la fraternité le veulent ainsi.

6° Alors il ne sera plus possible de se procurer de domestiques, à moins de les payer fort cher.

L'indigent proprement dit n'est pas celui dont on fait un domestique; son état de souffrance et de malpropreté fait qu'on le repousse même de la domesticité. Au surplus, quant aux domestiques attachés aux personnes, il n'y a pas de mal que le nombre en diminue; à l'égard des autres nous nous servons des travailleurs pour les former et les restituer à l'agriculture ou à l'industrie, quand ils auront fait dix ans; nous ne les gardons pas.

Et il viendra un temps qui n'est pas éloigné, où la ferme n'aura plus à doter d'indigents, parce qu'il n'y en aura plus ou trèspeu.

Elle sera exploitée par les jeunes élèves gratuits ou payant bourse, tiers ou quart de bourse : alors les communes n'auront plus rien à payer, l'établissement se soutiendra par lui-même et suffira à tous ses besoins.

On voit que pour notre projet nous mettons en œuvre les règles des anciennes communautés religieuses, qui, sous les moines du moyen-âge, ont toutes prospéré, moins toutefois les vœux perpétuels que nos lois ont eu raison d'abolir.

Nous employons aussi les règles de l'association du travail, qui nous paraissent d'une haute importance pour stimuler le zèle des ouvriers.

Nous empruntons encore certains avantages des règles de la colonisation ; nous formons de ces différents contrats un tout qui nous paraît homogène.

Pour résultat :

Nous détruisons la mendicité et nous créons un asile à toutes les souffrances, à tous les besoins, pour le jeune âge comme pour la vieillesse.

Notre établissement se fonde exactement par cette allégorie : l'association de la science (l'ingénieur élève de l'École polytechnique), de la force (celle du travailleur) et de la sagesse (le conseil ou bureau de bienfaisance); tout cela pour faire surmonter au peuple la presque totalité des peines de la vie.

Ne donnerions-nous qu'une planche de

salut à la vieillesse, une bonne, utile et sage éducation à la jeunesse, nous aurions déjà bien mérité de la patrie.

Que sera-ce si nous restituons à l'agriculture huit millions d'hectares encore incultes dans notre belle France !

Qu'on ne dise pas que ce sont là des rêves que nous ne pouvons pas réaliser, on connaîtrait mal la puissance de l'association.

Au surplus, si de grands espaces ne pouvaient être fertilisés par les travailleurs d'un canton, l'arrondissement, le département, l'État y subviendraient. Chaque ferme-modèle pourrait fournir, pour les grands espaces, son contingent de travailleurs.

La conséquence immédiate de l'adoption de notre proposition, si elle est décrétée par le Gouvernement provisoire, ce sera de créer sur-le-champ des ateliers considérables d'industrie et d'agriculture.

On occupera par chaque ferme plus de cent personnes pour les constructions même provisoires, et il faudra en prendre au moins moitié dans les ouvriers des villes. Ce sera 200 mille industriels qui débarrasseront les grands centres de l'industrie.

Cette considération seule peut déterminer un décret d'urgence avant l'Assemblée nationale.

Une seule objection possible pourrait arrêter le Gouvernement, ce serait la crainte d'incendie ou de grêle pouvant détruire l'avenir de l'établissement.

Pour cela, il faut que l'État s'empare des assurances et qu'il les déclare forcées et mutuelles entre tous les Français; les habitants d'un même département paieront jusqu'à concurrence de 10 centimes supplémentaires des contributions directes, et la France entière répondra du surplus.

La prospérité des établissements de ferme-modèle étant assurée, la fraternité du peuple français me paraît définitivement constituée.

Tous seront solidaires les uns des autres.

Tous vivront.

Tous auront le bien-être.

SALUT ET FRATERNITÉ.

MARCHANT,

Ancien Notaire à Beton-Bazoches.   }
Ancien Avoué à Coulommiers.   }   Seine-et-Marne.
Ancien Cultivateur, à Vaudoi.   }

Ce 2 avril 1848.

TABLE DES MATIÈRES.